AF236095

Despina Petraki

Wie bestimmt sich die Würde der Tiere? Eine ethische Reflexion mit besonderem Bezug auf den Aspekt der Gefühle.

Books on Demand

Herstellung und Verlag: BoD – Books on Demand, Norderstedt

ISBN: 9783753435695

Inhalt

1. Einleitung

Der Begriff der Menschenwürde wird kontrovers diskutiert, denn oft stellt sich die Frage, wie es dazu kommt, dass der Mensch eine Sonderstellung unter den Organismen und Lebewesen dieser Welt erhält. Wieso wird dem Menschen Würde zugeschrieben doch das Tier wird nicht in dem Maße gewürdigt?

Neulich las ich folgende Bibelstelle (Prediger 3,21): „Wer weiß, ob der Geist des Menschen aufwärtssteigt, der Geist des Viehs aber abwärts zur Erde fährt?" Die Stelle war der Impuls, weshalb ich mich für die Thematik entschieden habe, denn dies ließ mich nachdenken. Die Frage, ob Tiere eine Seele besäßen, fesselt mich. Aufgewachsen in einer griechisch-orthodoxen Familie, wurde dort immer die Ansicht vertreten, dass Gott die Tiere schuf, damit wir Nahrung haben und, dass sie keine Seele besäßen. Ich ging als Kind aus diesem Grund immer davon aus, dass ein Tier aus biblischer Sicht nur die Funktion eines Nutztieres erfülle. Im Erwachsenenalter las ich immer wieder Bibelstellen, die diese These und mein ethisches Bild über die Tiere beeinflussten. Durch die intensive Auseinandersetzung mit diversen biblischen Versen und den Kontakt zu Tieren, fing ich an mein Tierbild und Verständnis über die Tierwürde zu hinterfragen. Als meine Katzen starben, versuchte mich meine Familie damit zu trösten, dass Tiere keine Seele haben und somit auch keinen Platz bei Gott haben. Völlig schockiert fragte ich mich, erstens nach dem Wahrheitsgehalt dieser These, zweitens nach dem Grund unserer Sonderstellung bei Gott und letzteres fragte ich mich, wie Gott seine Schöpfung lieben kann und sein Werk nicht beseelt. Diese wissenschaftliche Arbeit soll Antworten auf meine Fragen geben, ob Tiere über komplexe Gefühle, eine Würde und eine Seele verfügen. Wie sieht die Gefühlswelt von Tieren aus? Können sich Tiere in andere hineinzuversetzen, empathisch sein? Sind sie sozial intelligent? Was sagt Gott über den menschlichen Umgang mit Tieren und besitzen wir wirklich eine Sonderstellung bei Gott? Was unterscheidet uns von den Tieren aus biblischer Sicht sowie der Verhaltensforschung? In der vorliegenden Arbeit werden zunächst die Definitionen der Begriffe *Würde, Würde der Kreatur und Menschenwürde* erläutert und anschließend wird die theologische Perspektive über die Würde der Tiere mithilfe der Bibel und der Gegenüberstellung einiger

Ansichten von Theologen herausgearbeitet. Lassen sich die heutigen Erkenntnisse aus der Verhaltensforschung über die Gefühlswelt der Tiere mit dem Tierbild in der Bibel vereinbaren?

2. Begriffe

In der Literatur werden die Begriffe *Kreatur, Würde* und *Kreaturwürde* kontrovers diskutiert. So sagen Baranzke und Kunzmann, den Begriffen fehle es an exakter Bestimmtheit[1], da sie trotz gleichen Wortlautes einen unterschiedlichen semantischen Gehalt haben. Kunzmann vertritt die Ansicht, dass es das Problem von verschiedenen semantischen Gehalten auch bei der Menschenwürde gibt. Beim Begriff der Kreaturwürde liegt kein einheitliches semantisches Verständnis vor, und es existiert auch keine klare Definition. Ähnlich verhält es sich bei der *Menschenwürde.*[2] Sogar der Begriff *Mensch* wird unterschiedlich definiert, und es gibt verschiedene Theorien über den Zeitpunkt der Menschwerdung. Es wird kontrovers diskutiert, ab wann ein Mensch den mit dem Prinzip der Menschenwürde verbundenen Schutz genießen soll. Kunzmann akzentuiert, dass der Menschenwürde eine außerordentliche Bedeutung zugewiesen wird,

---

[1] In Anlehnung an Baranzke, Heike: Würde der Kreatur? Die Idee der Würde im Horizont der Bioethik. Würzburg: Verlag Königshausen & Neumann GmbH 2002, 17-19.

[2] In Anlehnung an Baranzke, Heike:.Eine spezifische Würde von Tieren und Pflanzen? In Odparlik, S. und Kunzmann, P. 2007. S. 17.

während die Bedeutung der Kreaturwürde eher in den Hintergrund rückt und als nicht wichtig erachtet wird. Des Weiteren könne die Bedeutung der Menschenwürde als rechtliches und ethisches Prinzip nicht abgestritten werden.[3]

2.1 Würde

Mit seiner Deutung als oberstes Prinzip der Sittlichkeit hat Kant den Begriff der *Würde* stark geprägt. Er sieht im Menschen das einzige vernünftige Wesen der Erde, dem aufgrund seiner autonomen Sittlichkeit Würde zugeschrieben werden könne. Der Mensch ist laut Kant Träger der Würde und hebt sich deutlich von den anderen Organismen ab, die nur einen Selbstzweck[4] verfolgen. Dem Menschen schreibt Kant einen unvergleichbaren Wert zu.[5] Seine Würde beruht darauf, dass nur er die Fähigkeit zu moralischem und vernünftigem Handeln besitzt. Kants Ansichten sollten kritisch reflektiert werden. Die Verfolgung des Zieles der Menschen, Erhabenheit um jeden Preis, entspricht

---

[3] Vgl. Baranzke, Heike: Eine spezifische Würde von Tieren und Pflanzen? […], 16.

[4] Vgl. Kant, Immanuel: Grundlegen zur Metaphysik der Sitten. S. 59.

[5] Vgl. Grundlagen zur Metaphysik der Sitten S. 69.

nicht der historischen Semantik vom Begriff der Würde. Würde kann auf unterschiedliche Weise in verschiedenen Kontexten gebraucht werden, insofern der semantische Gehalt transparent und eindeutig ist.[6] Beispiele dafür sind Pflanzen, Bäume, Tiere, Gebirge und weitere nicht-menschliche Wesen.

Mithilfe von Kants Begriff der Würde lässt sich eine allgemeine Definition konstruieren. Kant nennt den Aspekt des Daseins als Selbstzweck in seiner Erläuterung; somit lässt sich schlussfolgern, dass nach Kant jedes Wesen Würde besitzt, das sich selbst genügt. Dies betrifft auch den Menschen, jedoch kann dieser nicht vollständig instrumentalisiert werden: „Handle so, dass du die Menschheit, sowohl in deiner Person, als in der Person eines jeden andern, jederzeit zugleich als Zweck, niemals bloß als Mittel brauchest."[7] Der Kern der Würde ist für Kant die Befähigung zur sittlichen Autonomie. Ein weiterer Aspekt ist, dass Kants Verständnis von Würde auf die Erhabenheit des Menschen um jeden Preis verweist, also in anderen Worten: auf

---

[6] Vgl. Sitter-Liver, Beat: Würde der Kreatur. Eine Metapher als Ausdruck erkannter Verpflichtung. In Philosophisches Jahrbuch 106, 2. Halbband. Freiburg / München 1999. S. 140.

[7] Vgl. Grundlegung zur Metaphysik der Sitten, 61.

die letztliche Unverfügbarkeit. Menschen besitzen einen unvergleichbaren Wert, der sie von den Tieren differenziert, die nur einen Preis haben.[8] Kant betont den Eigenwert der Menschen, den sie wegen der sorgfältigen Begegnung zugesprochen bekommen. Der von menschlicher Vernunft und Moralität vermittelte Eigenwert ist der Grund dafür, dass der Mensch ein Träger der Würde ist und ein Recht auf Rücksicht hat. Kant zufolge ist das Verbot der Erniedrigung im Würdebegriff enthalten, weil das moralische Prinzip der Achtung darin verankert ist. So dürfen Menschen nicht erniedrigt oder entwürdigt werden.

---

[8] Vgl. Sitter-Liver Beat.Würde der Kreatur. Eine Metapher als Ausdruck erkannter Verpflichtung. In Philosophisches Jahrbuch 106, 2. Halbband. Freiburg / München. 472.

2.2 Menschenwürde

Kants allgemeiner Begriff von Menschenwürde sollte als wechselseitiges Beziehungssystem der Hingabe und der Selbstvervollkommnung interpretiert werden.[9] Laut Spaemann zeichnet sich Menschenwürde dadurch aus, dass der eigene Standpunkt zugunsten eines übersubjektiven relativiert werden kann. Menschen haben ein Gewissen, daher können sie tun, was ihnen nützt, oder es unterlassen, weil es anderen schadet. Sie können Dinge tun, die ihnen nicht gefallen, nur weil sie andere erfreuen oder ihnen nützen. Die Fähigkeit, nach dem Gewissen zu handeln, ist ein Zeichen dafür, dass der Mensch Würde besitzt. Damit kommt Kants Aspekt des Selbstzwecks ins Spiel, denn Menschen können eigene Zwecke relativieren. Das bedeutet, dass sie das Recht haben, nicht zum Objekt fremder Herrschaft gemacht zu werden, denn sie besitzen einen Eigenwert, der sie von anderen Wesen unterscheidet. Menschen können sich gegenseitig helfen, fürsorglich handeln und Verantwortung übernehmen. Für Spaemann sind das ausreichende Gründe dafür, dass sich die

---

[9] In Anlehnung an Albert Schweitzer, den Artikel über Humanität, 1988. S. 33-37.

gesamte Natur der menschlichen Herrschaft unterwirft. Menschen sind besonders, da sie Ehrfurcht vor dem haben, was über ihnen ist. Auch das ist ein wichtiger Aspekt bei der Begriffsbestimmung von Menschenwürde. Spaemanns Ansicht zufolge enthält der Terminus nicht nur eine Auszeichnung, sondern ebenso eine Herausforderung, denn der Mensch muss als vernünftiges Wesen die Würde bewahren.[10] Er soll nicht nur seine Mitmenschen schätzen und würdigen, sondern jegliche Lebewesen aus seinem Wirkungskreis, und damit auch die Tiere.[11]

2.3 Kreaturwürde

Vorab muss klargestellt werden, wie der Begriff *Kreatur* in dieser Hausarbeit definiert wird. Dabei wird er aus säkulärer Sicht betrachtet. Unter dem Begriff werden Tiere, Pflanzen und andere Organismen verstanden. Die Begriffe *Kreaturwürde, geschöpfliche Würde* sowie *Mitgeschöpflichkeit* sind neuzeitliche und moderne schöpfungstheologische Grundbegriffe der christlichen Ethik der Mensch-Tierbeziehungen. Mitgeschöpflichkeit

---

[10] Vgl. Sitter-Liver 1999, 474 f.; 2005, 15 und 18.

[11] In Anlehnung zu Albert Schweitzer (1990/1996) Kultur und Ethik. München: Verlag C. H. Beck.

wurde vom Theologen Fritz Blanke geprägt, der den Begriff als „Gegenstück zur Mitmenschlichkeit" definierte. Der Begriff *Mitgeschöpf* wiederum ist vom Pietismus des 18. Jahrhunderts beeinflusst. Letztlich stammen die Begriffe *Würde der Kreatur* und *Tier als Mitgeschöpf* aus dem Tierschutzrecht des 20. Jahrhunderts.[12] Das Tierschutzgesetz definiert die Tierwürde als respektvollen Umgang mit dem Tier und Achtung des Tieres.[13]

Zum Konzept der Kreaturwürde lässt sich sagen, dass es die allgemeinen Elemente von Würde beinhaltet und sich auf alle Kreaturen bezieht. Primär steht das Dasein als Selbstzweck im Vordergrund. Die Würde der Kreatur unterscheidet sich insofern von Kants Verständnis der Menschenwürde, als die Kreatur mit einem eigenen Ziel existiert, das unabhängig von menschlicher Willkür ist. Der Begriff Kreaturwürde beinhaltet Zuwendung, Rücksicht, Schutz und Grenzen sowie Verzicht. Die Menschen erfassen den Eigenwert der Tiere, und gerade deshalb hat die Kreatur ein Recht auf moralische Berücksichtigung. Für einige

---

[12] Vgl. Handbuch. Tierethik Kapitel Kreaturwürde, 173.

[13] Vgl. Art. 3 in TSchG, *Tierwürde.*

Autoren ist der Begriff der Menschenwürde nicht auf Organismen übertragbar, die keine Menschen sind. Sie beziehen sich dabei auf den oben genannten Aspekt des Verbots der Erniedrigung und behaupten, nur Tiere mit Selbstachtung und Selbstverständnis könnten erniedrigt werden. Im Schweizer Tierschutzgesetz steht in Artikel 3 geschrieben, dass die Kreaturwürde missachtet wird, wenn das Tier erniedrigt wird oder wenn tiefgreifende Eingriffe in die Optik des Tieres vorgenommen werden.[14] Wenn einem Tier „Schmerzen, Leiden"[15] zugefügt werden oder es verängstigt oder gar erniedrigt wird, erfährt es eine Verletzung seiner Würde. Dies geschieht auch, sobald ein Tier instrumentalisiert wird.[16] Ich beziehe mich hier bewusst auf das Schweizerische Tierschutzgesetz, da es die Bedeutung des Eigenwerts der Kreatur hervorhebt. Im Deutschen Tierschutzgesetz ist eine derartige konkrete Stelle nicht zu finden. Eigenwert und Selbstzweck von Tieren sind Gründe dafür, Tiere nicht für menschliche Zwecke einzusetzen. In der Bundesverfassung im Artikel 120 Abs. 2 ist festgelegt, dass die Kreaturwürde

---

[14] Vgl. Schweizerisches Tierschutzgesetz, Artikel 3, *Würde*.

[15] Vgl. Schweizerisches TSchG, Art. 3, *Würde*.

[16] Vgl. Schweizerisches Tierschutzgesetz, ebd.

in vielen Bereichen wie in der Genforschung respektiert und geschützt werden soll. Wichtig zu erwähnen ist, dass der Tierschutz sich auf Wirbeltiere bezieht, während das Gesetz zum Schutz der Würde auf alle Tiere anzuwenden ist.

3. Tiere in der Bibel

Für die Menschen des Alten Testamentes war es klar, dass der Segen Gottes nicht allein durch ein gesprochenes Wort übermittelt wurde, sondern auch vielen Wesen und Dingen innewohnt und in alltäglichen Situation erfahrbar gemacht werden kann. Hierbei steht der Aspekt im Zentrum, dass die Schöpfung Gottes eine Seele besitzt. Sie soll ihre Würde zurückerhalten und nicht als bloßes Produkt von Gott sowie als Objekt menschlicher Errungenschaften gesehen werden. Tiere sind in der Bibel als Träger einer göttlichen, numinosen Macht dargestellt, denn sie können etwas Göttliches sein. Im folgenden Abschnitt werden einige Beispiele aus der Bibel angeführt.

Das Goldene Kalb in Exodus 32: „[...] Er nahm sie von ihnen entgegen, zeichnete mit einem Griffel eine Skizze und goss danach ein **Kalb**. Da sagten sie: Das sind deine Götter, Israel, die dich aus Ägypten heraufgeführt haben. Als Aaron das sah, baute er vor dem **Kalb** einen Altar und rief aus: Morgen ist ein Fest zur Ehre des Herrn. Am folgenden Morgen standen sie zeitig auf, brachten Brandopfer dar und führten Tiere für das Heilsopfer herbei. Das Volk setzte sich zum Essen und Trinken und stand auf, um sich zu vergnügen."[17]

In Jesaja 6 sind es die singenden Kobras, denen Göttlichkeit zugeschrieben wird. In diesem Kontext werden sie als Gerichtswerkzeuge Gottes eingesetzt. Schlangentiere wurden später als Engel gesehen: „Denn ich bin unreiner Lippen und wohne unter einem Volk von unreinen Lippen; denn ich habe den König, den HERRN Zebaoth, gesehen mit meinen Augen. Da flog einer der **Serafim** zu mir und hatte eine glühende Kohle in der Hand, die er mit der Zange vom Altar nahm, und rührte meinen Mund an und sprach: Siehe, hiermit sind deine Lippen berührt, dass deine Schuld von dir genommen werde und deine Sünde gesühnt sei. Und ich hörte die Stimme des Herrn, wie er sprach: Wen soll ich senden? Wer will unser Bote sein? […]"[18]

---

[17] Vgl. 2. Mose 32, Lutherbibel 2017.

[18] Jesaja 6, Kapitel Jesajas Berufung zum Propheten Lutherbibel 2017.

In 4. Mose 21 spielen die „eherne Schlange"[19] und der Schlangenstab eine Rolle, denn jeder, der die Schlange und den Stab ansieht, bleibt am Leben: „[…] Da kamen sie zu Mose und sprachen: Wir haben gesündigt, dass wir wider den HERRN und wider dich geredet haben. Bitte den HERRN, dass er die Schlangen von uns nehme. Und Mose bat für das Volk. Da sprach der HERR zu Mose: Mache dir eine **eherne Schlange** und richte sie an einer **Stange** hoch auf. Wer gebissen ist und sieht sie an, der soll leben. Da machte Mose eine **eherne Schlange** und richtete sie hoch auf. Und wenn jemanden eine **Schlange** biss, so sah er die **eherne Schlange** an und blieb leben." [20]

In Numeri 22 trägt Bileams Eselin eine göttliche Kraft, denn sie sieht den Engel Gottes, der sich ihnen in den Weg stellt. So verlässt die Eselin den Weg und weicht aus, doch Bileam schlägt das Tier mehrfach, was Gott nicht gefällt:

„[…] Nun öffnete der HERR dem Bileam die Augen und er sah den Engel des HERRN auf dem Weg stehen, mit dem gezückten Schwert in der Hand. Da verneigte sich Bileam und warf

---

[19] Vgl. 4. Mose 21, 8, Lutherbibel 2017.
[20] Numeri 21, Lutherbibel 2017.

sich auf sein Gesicht nieder. Der Engel des HERRN sagte zu ihm: **Warum hast du deine Eselin dreimal geschlagen? Siehe, ich bin dir als Widersacher in den Weg getreten, weil der Weg in meinen Augen abschüssig ist. Die Eselin hat mich gesehen und ist mir schon dreimal ausgewichen. Wäre sie mir nicht ausgewichen, dann hätte ich dich jetzt schon umgebracht, sie aber am Leben gelassen.** Bileam antwortete dem Engel des HERRN: Ich habe gesündigt, weil ich nicht erkannt habe, dass du dich mir in den Weg gestellt hast. Jetzt aber will ich umkehren, wenn mein Weg in deinen Augen böse ist. Der Engel des HERRN antwortete Bileam: Geh mit den Männern, aber rede nichts, außer was ich dir sage! […]"[21]

Thomas von Aquin, einer der bedeutendsten katholischen Theologen, vertrat die Ansicht, dass sich auch Tiere an Gott wenden können.[22] Er bezieht sich auf Psalm 147,9, in dem es heißt: „Singt dem HERRN ein Danklied und lobt unsern Gott mit Harfen, der den Himmel mit Wolken bedeckt / und Regen

---

[21] Numeri 22-24, Vers 27- 35, Lutherbibel 2017.

[22] In Anlehnung Hagencord, Rainer: Die Würde der Tiere. Eine religiöse Wertschätzung. Gütersloh 2011, 98.

gibt auf Erden; der Gras auf den Bergen wachsen lässt, der dem **Vieh** sein **Futter** gibt, den jungen **Raben**, die zu ihm rufen." Im Gegensatz zu Menschen haben Tiere eine Unmittelbarkeit Gottes, denn zusammen mit den Pflanzen werden sie „unmittelbar vom Schöpfer bewegt"[23]. Menschen als vernunftbegabte Geschöpfe müssen mühsam und eigenständig zum Beispiel im Gebet nach Gott suchen, und sie können sich von Gott abwenden, was bei Pflanzen und Tieren nicht möglich ist. Tiere heben sich von den Menschen aufgrund ihrer Gottunmittelbarkeit ab, doch diese wird aufgrund des mangelnden Respekts Tieren gegenüber ignoriert. Menschen neigen dazu, wegen ihres Intellekts und ihrer Logik die Welt zu deuten und sich der unmittelbaren Lebenswelt, den Mitgeschöpfen und letztlich sich selbst zu entfremden.[24]

---

[23] In Anlehnung Hagencord, Rainer: Die Würde der Tiere. Eine religiöse Wertschätzung. Gütersloh 2011, ebd.

[24] Vgl. Hagencord, Rainer: Die Würde der Tiere. Eine religiöse Wertschätzung. Gütersloh 2011, 101.

3.1 Die Bedeutung der Tiere in der Bibel

Die theologische Fachliteratur beschäftigt sich nur wenig mit der Bedeutung von Tieren in der Bibel[25], auch wenn im Alten Testament von vielen Tieren die Rede ist. Eine mögliche Begründung hierfür ist, dass die Theologie vom Anthropozentrismus dominiert wird. Der Mensch steht darin, im Mittelpunkt, sodass die Schöpfungstheologie weniger Ansehen genießt als andere Disziplinen der Theologie. Dabei geht es nicht darum, Tiere zu vergöttlichen; im Vordergrund stehen eher die Wahrnehmung und die Akzeptanz von Göttlichkeit und Numinosität aller Geschöpfe. Menschen und Tiere sind in der Bibel voneinander abhängig, wobei verstanden werden muss, dass auch letztere eine eigene individuelle Wertigkeit und Relation zu Gott dem Schöpfer haben.

Tiere haben einen eigenen hohen Stellenwert in der gesamten Schöpfung, was auch der erste Schöpfungsbericht demonstriert. Es scheint kaum Zufall zu sein, dass Menschen und Tiere gemeinsam am sechsten Tage geschaffen werden und der Mensch

---

[25] Vgl. Hagencord, Rainer: Diesseits von Eden. Verhaltensbiologische und theologische Argumente für eine neue Sicht der Tiere. Regensburg 2005, 71.

keinen Tag für sich allein hat.[26] Aus dieser Erkenntnis heraus müsste reflektiert werden, ob sich die Schöpfung und das Sieben-Tage-Werk nur auf den Menschen bezieht. Genesis 1,27, die Stelle, in der es heißt, Gott habe den Menschen als sein Abbild geschaffen, könnte dahingehend gedeutet werden, dass dem Menschen eine Vorbildfunktion zugesprochen wird. Dies stimmt jedoch nicht, denn mit der Schaffung des Abbildes ist gemeint, dass am Verhalten des Menschen erkennbar sein soll, wie Gott sich zur Schöpfung verhält. [27]

Adam soll im zweiten Schöpfungsbericht in Genesis 2 die Tiere benennen. Die Namensgebung kann ebenfalls unterschiedlich aufgefasst werden: So deuten viele, der Mensch sei gleichgestellt mit Gott und nehme eine Herrscherstellung ein. Die Namensgebung soll eher als Anerkennung der Tiere und im Sinne

---

[26] 1. Mose 1,1-2,4, Genesis, Schöpfungsbericht.

[27] In Anlehnung zu Hagencord, Rainer: Diesseits von Eden. Verhaltensbiologische und theologische Argumente für eine neue Sicht der Tiere. Regensburg 2005, 75.

eines vertrauten Gegenübers interpretiert werden.[28] Thomas von Aquin äußerte sogar die Meinung, Adam solle sich Wissen über Tiere aneignen, um sie als Geschöpfe wertzuschätzen und zu würdigen. Er fordert sogar, dass Adam das Animalische in sich entdeckt.

„[…] Seid fruchtbar und vermehrt euch, bevölkert die Erde, unterwerft sie euch […]"[29]. Dieser Vers aus dem ersten Schöpfungsbericht scheint widersprüchlich zur obigen Erklärung zu sein, und Genesis 1,28 wird von Gegnern dieser Ansicht genutzt, um den heutigen Umgang mit Tieren in der Gesellschaft zu legitimieren. Diverse Bibelwissenschaftler haben diese Interpretation untersucht und fanden heraus, dass der alte Text den Herrschaftsauftrag anders konnotiert, denn mit „[…] unterwerft sie euch […]" ist nicht die uneingeschränkte Verfügungsgewalt gemeint. Vielmehr geht es Gott darum, sich mit einem hohen Verantwortungsbewusstsein um die Tiere zu sorgen und sie fürsorglich zu behandeln, wie es ein guter Hirte oder ein König tun

---

[28] In Anlehnung Hagencord, Rainer: Diesseits von Eden. Verhaltensbiologische und theologische Argumente für eine neue Sicht der Tiere. Regensburg 2005, S. 75.

[29] Genesis 1,28, Einheitsübersetzung.

würde. Gott bezeichnet die Schöpfung als sehr gut und segnet sie.[30] Der Mensch kann die Gottesebenbildlichkeit als Gabe und zugleich als Aufgabe verstehen.[31]

Bei der Betrachtung der Erzählung über Noah und die Arche in Genesis 6–9 wird deutlich, dass Tiere ebenfalls im Bunde Gottes sind. Sie gehen zusammen mit den Menschen zugrunde, werden von Gott gerettet und sind in einem Bündnis mit ihm: „Darum soll mein Bogen in den Wolken sein, dass ich ihn ansehe und gedenke an den ewigen Bund zwischen Gott und allem lebendigen Getier unter allem Fleisch, das auf Erden ist."[32]

In diesem Vers zeigt sich die unendliche Liebe Gottes gegenüber allen Geschöpfe der Welt. Weder Tiere noch Menschen werden von ihm im Stich gelassen. Es finden sich in der Bibel zahlreiche Beispiele für Tiere, die im Bund mit Gott unter dessen Schutz stehen. Einige sollen im Folgenden genannt werden. Im Buch Jona empfindet Gott vor allem wegen der Tiere Mitleid mit der Stadt Ninive und verschont als Konsequenz daraus die Stadt vor einer Zerstörung: „[U]nd mich sollte nicht jammern

---

[30] Genesis 1,31, Einheitsübersetzung.

[31] In Anlehnung zu Hagencord: Diesseits von Eden, 81.

[32] 1. Mose 9, 16, Martin Luther Bibel 2017.

Ninive, eine so große Stadt, in der mehr als hundertzwanzigtausend Menschen sind, die nicht wissen, was rechts oder links ist, dazu auch viele **Tiere**?"[33]

Eingangs im vorherigen Kapitel wurde die Erzählung von der Eselin Bileams erwähnt, um die Gottunmittelbarkeit von Tieren zu verdeutlichen. Die Geschichte zeigt die notwendige gegenseitige Abhängigkeit von Menschen und Tieren, denn in der Geschichte sind sie auf demselben Weg. Bileam hätte der Eselin vertrauen müssen, anstatt sich von ihr abzuheben, indem er sie bestraft. Die Eselin hat eine besondere Beziehung zu Gott und sieht als einzige dessen Engel, der sie auf den richtigen Weg leitet. Somit ist sie Bileam sogar als Seherin überlegen. Die Eselin kann sieht dem Gottes Willen und deshalb ist sie Gott besonders nahe.[34] Im Folgenden werden weitere Beispiele für Tiere im Gottesbund mit den dazugehörigen Bibelstellen angeführt. Diese dienen jedoch nur der Stärkung meiner These, dass Tiere eine besondere und individuelle Wertigkeit und Würdigung in

---

[33] Im Buch Jona 4,11, Martin Luther Bibel 2017.

[34] Vgl. Hagencord, Rainer: Diesseits von Eden. Verhaltensbiologische und theologische Argumente für eine neue Sicht der Tiere. Regensburg 2005, S. 75.

Gottes Augen haben, und werden deshalb nicht detailliert erläutert.

„Und ich will einen Bund des Friedens mit ihnen schließen und alle bösen Tiere aus dem Lande ausrotten, dass sie **sicher** in der **Steppe wohnen** und in den Wäldern schlafen können."[35] Gott möchte jedes Tier in Sicherheit wissen und es unter seinen Schutz stellen.

„Deine Gerechtigkeit steht wie die Berge Gottes / und dein Recht wie die große Tiefe. HERR, du **hilfst Menschen und Tieren.**"[36] Gott hilft nicht nur den Menschen, sondern auch den Tieren, und schreibt letzteren automatisch eine eigene Verbundenheit mit sich zu.

„An jenem Tage will ich einen **Bund** für sie schließen mit den **Tieren** auf dem **Felde**, mit den **Vögeln** unter dem **Himmel** und mit dem **Gewürm** des **Erdbodens** und will Bogen, Schwert und Rüstung im Lande zerbrechen und will sie sicher wohnen lassen."[37] Besonders in diesem Vers wird deutlich, dass Tiere in

---

[35] Hesekiel 34, 25, Martin Luther Bibel 2017.

[36] Psalm 36,7, Luther Bibel 2017.

[37] Hosea 2,20, Luther Bibel 2017.

Gottes Bund eingeschlossen sind und seinen besonderen Schutz erfahren.

Im zweiten Schöpfungsbericht wird die Gemeinschaft von Tier und Mensch verdeutlicht, indem Gott für Adam nicht nur Eva schafft, damit er nicht allein ist[38], sondern auch allerlei Tiere auf dem Felde und Vögel unter dem Himmel, die er den Menschen bringt, damit sie ihnen Namen geben.[39] Tiere und Menschen bilden eine Gemeinschaft und teilen den gleichen Geist. Der Mensch ist dem Tier nicht überlegen. Dass Tier und Mensch dasselbe Schicksal teilen und den gleichen Lebensgeist aufweisen, zeigen folgende Verse: „Da sprach ich in meinem Herzen: Gott wird richten den Gerechten und den Gottlosen; denn alles Vorhaben und alles Tun hat seine Zeit. Ich sprach in meinem Herzen: Es geschieht wegen der Menschenkinder, damit Gott sie prüfe und sie sehen, dass sie selber sind **wie das Vieh**. Denn es geht dem Menschen **wie** dem **Vieh: Wie dies stirbt, so stirbt auch er, und sie haben alle einen Odem, und der Mensch hat**

---

[38] Genesis 2,18, Luther 2017.
[39] Genesis 2,19 Luther 2017.

nichts voraus vor dem Vieh; denn es ist alles eitel. Es fährt alles an einen Ort. Es ist alles aus Staub geworden und wird wieder zu Staub. Wer weiß, ob der Odem der Menschen aufwärtsfahre und der Odem des Viehes hinab unter die Erde fahre?"[40] Tiere und Menschen haben den gemeinsamen Weg des Lebens und sind voneinander abhängig. Jedoch muss auch die andere Seite beleuchtet werden.

Für Menschen aus der Zeit des Alten Testaments war die Erhaltung von Tiere aufgrund ihrer Produkte und ihrer Arbeitsleistung und ihrer Funktion von Nutz- und Arbeitstieren existenziell für das eigene Überleben.[41], deshalb begegneten die Menschen Tieren sehr fürsorglich. Die besondere Fürsorge für die Tiere kann aus folgenden Versen herausgelesen werden: „Ist das Gras abgeweidet und wiederum Grünes nachgewachsen und ist das Futter auf den Bergen gesammelt, dann kleiden dich die Lämmer, und die Böcke geben dir das Geld, einen Acker zu kau-

---

[40] Prediger 3,17 – 21 Luther 2017.

[41] Paraphrasiert aus dem Kapitel „Tiere im alten und neuen Testament – ein Überblick" in Riede: Im Spiegel, 213-247.

fen; du hast Ziegenmilch genug zu deiner Speise, zur Speise deines Hauses und zur Nahrung deiner Mägde."[42] Ein weiteres Beispiel findet sich im Buch Sirach, denn dort heißt es, man solle sich um sein Vieh kümmern und es behalten, wenn man einen Nutzen daraus zieht.[43] Die Menschen verbinden die Achtung und das Wohlergehen der Tiere als Ausdruck von Gottes Segen.[44] An diesen Beispielen zeigt sich, dass die Tiere als selbstständige Wesen mit eigenem Recht und eigener Würde von Gott erdacht wurden.[45] Auch in der Bibel wird schon von Haustieren gesprochen, die stark in Lebenswelt und Gemeinschaft der Menschen eingebunden waren. Mit dem folgenden Vers im Buch Deuteronomium wird deutlich, dass die Menschen für das Wohl des Tieres sorgen sollen: „Du sollst dem Ochsen, der da drischt, nicht das Maul verbinden."[46] Des Weiteren hatte das arbeitende

---

[42] Sprüche 27,23-27, Lutherbibel 2017.

[43] Sirach 7,22 Lutherbibel 2017.

[44] Vgl. „Tiere im alten und neuen Testament – ein Überblick" in Riede: Im Spiegel, 216.

[45] Janowski, Bernd u.a.(Hgg.): Gefährten und Feinde des Menschen. Das Tier in der Lebenswelt des alten Israel. Neukirchen-Vluyn 1993, 8.

[46] Deuteronomium 25,4, Lutherbibel.

und leistende Tier das Recht auf Sabbatruhe, und ihm sollte ein Teil seiner Arbeit zugutekommen.[47] Tiere zählen zum eigenen Volk, und so heißt es in der Bibel, der Gerechte solle alles Erdenkliche für das Wohlergehen seiner Tiere tun, da er den Nutzes des Tieres wertschätzt.[48] Jetzt könnte eingewendet werden, eine Schlachtung oder Opferung widerspreche einer engen Beziehung zwischen Menschen und Tieren, doch die Bibel zeigt, dass dies nicht so ist. Gerecht ist derjenige, der seine Tiere schätzt, respektiert und sich um sie sorgt: „Der Gerechte erbarmt sich seines Viehs; aber das Herz der Frevler ist unbarmherzig."[49] Im Alten Testament finden sich viele Verse, die Tieren eine Vorbildfunktion für den Menschen zuschreiben. So kann Hiob von den Vögeln und Fischen lernen[50], und die Ameise im Buch Sprüche zeigt den Menschen, wie sie klug und effizient vorsorgen: „Geh hin zur Ameise, du Fauler, sieh ihre Wege an und werde weise! Wenn sie auch keinen Fürsten noch Hauptmann noch

---

[47] Riede: Im Spiegel, 224.

[48] Sprüche 29 Lutherbibel.

[49] Sprüche 12,10, Lutherbibel.

[50] Hiob 12,7-11, Lutherbibel.

Herrn hat, so bereitet sie doch ihr Brot im Sommer und sammelt ihre Speise in der Ernte."[51]

In Jesaja 1,3 werden ein Ochse und ein Esel als religiöse Vorbilder und Leitbilder aufgeführt, da ein Ochse seinen Herrn und der Esel seine Krippe kennt. Hier kritisiert Gott, dass sein eigenes Volk den Herrn nicht kennt und die Wichtigkeit des Glaubens nicht versteht. Die Taten der Tiere werden immer mit denen der Menschen verglichen, und Gott nutzt die Tiere, um das Fehlverhalten der Menschen zu demonstrieren. Er sagt indirekt, dass Tiere als religiöse Leitbilder fungieren, zum Beispiel in Jeremia 8,7, wo es heißt, die Vögel des Himmels wissen im Gegensatz zum untreuen Volk Israel um ihren Ort. Die Vögel lassen sich ganz auf Gott ein und übergeben sich seiner Fürsorge, daher sollen die Menschen sich an den Vögeln orientieren: „Seht die Vögel unter dem Himmel an: Sie säen nicht, sie ernten nicht, sie sammeln nicht in die Scheunen; und euer himmlischer Vater ernährt sie doch. Seid ihr denn nicht viel kostbarer als sie?"[52]

---

[51] Sprüche 6,6-8, Lutherbibel.
[52] Mt 6,26, Lutherbibel.

Wie eingangs erwähnt, werden Tiere auch als Gerichtswerkzeuge Gottes genutzt. In vielen Fällen leiten von Gott gesendete Wild- und Raubtiere[53] das Volk auf den richtigen Weg: „Und die Leichname dieses Volks sollen den **Vögeln** des Himmels und den **Tieren** des Feldes zum **Fraß** werden, ohne dass sie jemand verscheuchen wird."[54] Raubtiere wurden als Bedrohung angesehen, demnach war das Verhältnis der Menschen ihnen gegenüber von großem Respekt geprägt. So wird zum Beispiel ein Mann wegen Ungehorsamkeit gegenüber Gott von einem Löwen getötet.[55] Tiere der Wildnis werden im Alten Testament allerdings auch als besonders herausfordernd empfunden[56], weil sie Plagen und Schäden in der Ernte verursachen können. Im Gegensatz dazu kann ein Tier auch als metaphorisches Bild eines Geliebten fungieren, wie die Gazelle im Hohenlied 2,9: „Mein Freund **gleicht** einer **Gazelle** oder einem jungen Hirsch.

---

[53] Deuteronomium 28,26, Lutherbibel.

[54] Jeremia 7,33 Martin Luther Bibel.

[55] 1 Könige 13,24, Lutherbibel.

[56] Riede: Im Spiegel, Kapitel 9: „Tiere als Feinde des Menschen", 234-238.

Siehe, er steht hinter unsrer Wand und sieht durchs Fenster und blickt durchs Gitter.“[57]

An den Beispielen aus der Bibel wird deutlich, dass der biblische Mensch von den Tieren lernen kann und sich nicht als Mittelpunkt in der Schöpfung sieht. Er nimmt Tiere genauso wie sich selbst als Teil der Schöpfung wahr und stellt sich nicht über sie. Er ist mit der Schöpfungsordnung vertraut und würdigt jedes Lebewesen, jedes Tier sowie jede Pflanze. Diese theozentrische Sicht findet sich auch in den Reden Gottes im Buche Hiob[58], und viele Bibelwissenschaftler und Theologen wie Thomas von Aquin und Rainer Hagencord sind der Ansicht, dass Gott auch der Herr der Tiere ist, da diese bewusst in Schöpfung und Kosmos integriert sind: „Denn alles Wild im Walde ist mein und die Tiere auf den Bergen zu Tausenden.“[59] In den Psalmen kann an mehreren Stellen herausgelesen werden, dass Tiere Gott um

---

[57] Hohelied 2,9 Luther Bibel 2017.
[58] Hiob 38, Martin Luther Bibel.
[59] Psalm 36,7, Lutherbibel.

Hilfe[60] und um Nahrung bitten können[61] und dass sie unter dem Schutz Gottes stehen. Demnach haben Tiere eine eigene individuelle Gottesbeziehung.[62]

Dr. Rainer Hagencord ist katholischer Priester und Verhaltensbiologe. Er kam im Laufe seines Theologiestudiums zu der Erkenntnis, dass es zwischen Menschen und Tieren keinen Unterschied hinsichtlich der Würde gibt, denn Gott liebt die gesamte Schöpfung, und das setzt die Wertschätzung aller Organismen auf der Welt voraus. Hagencord geht in seiner Forschung auch der Frage nach, ob Tiere in den Himmel kommen und ob sie eine Seele haben. Für Hagencord ist klar, dass es zwischen Menschen und Tier keinen Graben gibt, da Tieren von den Menschen Persönlichkeiten zugeschrieben werden. Tiere sind Teil der Schöpfung, und aus biblischer Sicht sind sie von Gott Gesegnete sowie Bündnispartner[63], denn Gott schließt einen Bund mit sowohl den Menschen als auch den Tieren. Die Tiere in der Bibel zeigen, dass sie aus theologischer Sicht „Mitgeschöpfe

---

[60] Psalm 36,7, Lutherbibel.

[61] Vgl. Psalm 104,21 und Psalm 147,9, Lutherbibel.

[62] Riede: Im Spiegel, 229.

[63] Vgl. Genesis 9, Lutherbibel.

sind und keine Objekte unseres Handelns"[64]. Gerade deshalb ist es fragwürdig, wieso viele Kirchen vermitteln, dass nur der Mensch Würde besitzt und deswegen eine Sonderstellung bei Gott einnimmt. Hagencord äußert sich dazu folgendermaßen: Viele Theologen haben eine anthropozentrische Ansicht und nehmen den Menschen aus der Natur heraus. Der Mensch habe eine Sonderstellung, da er ein vernunftbegabtes Wesen ist, und dies wird mit biblischen Begriffen begründet, zum Beispiel mit der Formulierung „untertan machen". Diese Bibelstelle wurde bereits erläutert und steht in diesem Kontext nur als Beispiel dafür, dass alte Begriffe und Verse nicht im Einklang mit der Bibel genutzt werden. Wird diesen Stellen exegetisch auf den Grund gegangen, zeigt sich ein anderes Bild, denn Gott möchte mit den Begriffen sagen, dass Menschen sich fürsorglich um die Tiere kümmern sollen. Der Mensch hat die Macht über das Tier; jedoch ist diese immer mit einem verantwortlichen Auftrag gekop-

---

[64] Paraphrasiert aus dem Interview auf Bibeltv von Dr. Rainer Hagencord, „Kommen Tiere in den Himmel?", Das Gespräch 6:17 Minuten. https://www.bibeltv.de/mediathek/videos/kommen-tiere-in-den-himmel-668410, 2012.

pelt, das Tier zu schützen und seine Würde zu respektieren. Außerdem lehrt die Bibel, dass alles Lebendige eine Seele besitzt, wodurch klar wird, dass auch Tiere in den Himmel kommen. Der Unterschied zwischen Menschen und Tieren liegt lediglich darin, dass der Mensch die Verantwortung dafür trägt, die Schöpfung zu lieben und zu achten.

4. Erkenntnisse aus der Verhaltensbiologie

Die Verhaltensbiologie bestätigt, dass es keinen signifikanten Unterschied zwischen Menschen und Tieren gibt. In der verhaltensbiologischen Forschung erden Gemeinsamkeiten zwischen Menschen und Tieren aufgedeckt. Bei einer wissenschaftlichen Betrachtung der Bereiche Emotionalität, soziale Kompetenz, Kulturfähigkeit und Transzendenzgefühle kann festgestellt werden, dass diese auch im Tierreich vorhanden sind. Beispiele dafür, dass Tiere komplexe Gefühle haben, finden sich in der Tiertherapie. Dort werden Tiere bewusst eingesetzt, um Menschen zu helfen, und die Universität in Wien erforscht, inwiefern Pferde schwerstbehinderten Kindern helfen und eine „heilsame

Wirkung erzielen"[65]. Zu Beginn der Therapie zeigten die Kinder keine Regung, doch nach mehreren Kontakten mit den Tieren konnten sie sogar lächeln. Die Erkenntnisse der Wiener Universität zeigen, dass Pferde über eine hohe Empathie verfügen, denn sie achten auf Blick, Haltung und Gerüche.[66] Anders als Menschen hören sie nicht auf das Gesagte und auf die Worte, da sie auch nicht sprechen können, sondern reagieren auf non-verbale Signale. Sie nehmen Menschen intensiver wahr und können an unsere Gestik und an unser Auftreten vieles aufnehmen, was ihre hohe soziale Kompetenz belegt.[67] Hagencord vertritt die Ansicht, Christen müssten vor allem die Wertschätzung stärken, wenn sie der Schöpfung Gottes in dem Ausmaß Liebe entgegenbringen, wie sie es behaupten, und sie wirklich bewahren möchten.

Alfred Brehm ist sich sicher, dass Tiere nicht nur über ein weites Gefühlsspektrum verfügen, sondern auch ein ausgezeichnetes Gedächtnis besitzen. Sie haben „klare Vorstellungen von

---

[65] Vgl. Dr. Rainer Hagencord, Bibeltv, Das Gespräch, „Kommen Tiere in den Himmel?" 12:26

[66] Vgl. Dr. Rainer Hagencord, Bibeltv, Das Gespräch, ebd.

[67] In Anlehnung an Dr. Rainer Hagencord Bibeltv, Das Gespräch.

Zeit und Raum"[68] sowie von Treue und besitzen ein intuitives Verständnis von Freundschaft und Liebe. Die heutigen wissenschaftlichen Erkenntnisse zeigen, dass Tiere keine seelenlosen, instinktgesteuerten Kreaturen sind, denn sie verfügen über emotionale und soziale Kompetenzen und sind den Menschen ähnlicher als angenommen. Vor 150 Jahren war die Forschung in dem Bereich nicht fortgeschritten, doch Brehm erkannte den Wert der Tiere früh. So schreibt er in seinem Werk „Brehms Tierleben", das Säugetier verfüge über Verstand, Gedächtnis und Gemüt. Tiere können Brehm zufolge zwischen verschiedenen Bereichen wie Zeit, Ort und Farben differenzieren und besitzen Wahrnehmungsgabe sowie Urteilsvermögen.[69] Sie sind besonders, weil sie Gefahren erkennen und versuchen, diese zu vermeiden. Diese Position ist der Gegensatz zu dem von Kant geprägten Würdebegriff, da bei diesem vom Menschen als das einzig vernünftige Wesen ausgegangen wird. Brehms Beobachtungen waren noch nicht wissenschaftlich geprüft, doch aus heutiger Sicht lassen sich seine Einsichten bestätigen.[70]

---

[68] Brehm und Brensing: Brehms Tierleben: Die Gefühle der Tiere, S. 8.

[69] Vgl. Brehms Tierleben, Seite 9.

[70] Vgl. Brehms Tierleben, Seite 9.

Vorab muss festgehalten werden, dass ein Tier nicht gefragt werden kann, was es fühlt. Deshalb beruhen alle Erkenntnisse auf Verhaltensbeobachtungen aus Experimenten, die auf der Basis bisheriger Erfahrungen mit den entsprechenden Tieren interpretiert werden.

Das Yerkes Primatenzentrum der Emory University in Atlanta gilt als älteste Tierbeobachtungsstationen der Welt. Es ist weit verbreitet, dass Tiere über grundlegende Emotionen wie Angst und Freude verfügen, doch der Verhaltensforscher Frans de Waal war der Erste, der die These aufstellte, Tiere hätten auch komplexe Gefühle wie Empathie. Die wichtigste Strategie im Tierreich ist die Kooperation, denn auf Dauer lohnt sich Egoismus für Tiere nicht. Zu kooperieren dagegen hat Vorteile, weil durch Kooperation mehr erreicht werden kann. Einige Arten arbeiten nicht nur zusammen, sondern helfen sich gegenseitig, teilen das Futter und tun viele Dinge gemeinsam, die sie allein nicht schaffen würden. Der Zusammenhalt schützt und bringt auf lange Sicht mehr Vorteile, als egoistisch zu handeln.[71]

---

[71] Vgl. Dokumentation Wie Tiere fühlen, Arte, 2015, https://youtu.be/QAW3b0e7TgY.

Der Verhaltensbiologe Joshua Plotnik von der Emory University beschäftigt sich mit der sozialen Intelligenz von Elefanten. Im Freiluftlabor wird ein Experiment mit Spiegeln gemacht, in denen sich die Elefanten sehen. Aufgefallen bei dem Experiment ist, dass die Elefanten sich vor dem Spiegel hin und her bewegen, als würden sie sich fragen, wieso der Elefant im Spiegel genau das Gleiche macht wie sie. Der Verhaltensbiologe Josua Plotnik sagt, die Elefanten bemerken und realisieren, dass das Spiegelbild sie selbst zeigt. Sobald diese Erkenntnis eintritt, verhalten sich die Elefanten selbstbezogen. Bei dem Experiment wird den Elefanten an der Schläfe eine sichtbare Markierung angebracht, die sie nur mithilfe eines Spiegels sehen können. Dann wird untersucht, ob der jeweilige Elefant die Markierung bei sich selbst oder bei dem Elefanten im Spiegel entfernen will. Bisher haben die richtige Lösung nur Menschenaffen, Delfine und Elstern gefunden, aber ist bekannt, dass auch Elefanten sich selbst im Spiegel erkennen, weil sie versuchen, die Markierung an ihrer Schläfe zu entfernen. Nun ist klar, dass Elefanten ebenso wie viele andere Säugetiere Spiegelneuronen besitzen.

Im Clever Dog Lab an der Universität Wien wird der Frage nachgegangen, ob Tiere über Empathievermögen verfügen und ob sie sich in Menschen hineinversetzen können. Bei einem Experiment stellte sich heraus, dass Hunde zwischen positiven und negativen Gesichtsausdrücken differenzieren können. Der Verhaltensbiologe Ludwig Huber entwickelte ein Experiment zur Erfassung des Empathievermögens von Hunden. Die Versuchstiere sollen an einem Touchscreen zwischen fröhlichen und ärgerlichen Gesichtsausdrücken unterscheiden. Das Besondere dabei ist, dass sie nur einen Teil des Mundes sehen und das komplette Gesicht im Kopf vervollständigen müssen. Gelingt es ihnen, ist das ein Indiz dafür, dass Hunde die Emotionen der Menschen verstehen. Die Ergebnisse zeigen, dass Hunde menschliche Emotionen erkennen, darauf reagieren und sie teilen. Über diesen Mechanismus können auch die Emotionen von Menschen verstanden werden. [72] Auch in Budapest wurde das Empathievermögen von Hunden untersucht, indem bei einem Experiment zwei Flaschen aufgestellt wurden. Das Herrchen soll nun eine der beiden Flaschen begeistert und die andere mit Abscheu bewerten[73]. Daraufhin wird untersucht, welche Flasche

---

[72] Vgl. die Dokumentation von Arte „Wie Tiere fühlen".

[73] Aus der Dokumentation paraphrasiert „Wie Tiere Fühlen", 21:16 Minuten.

der Hund zum Herrchen bringt. Erstaunlicherweise bringen die Hunde die positiv bewertete Flasche, was darauf schließen lässt, dass sie sich an die Emotionen des Menschen anpassen. Die Verhaltensforscherin Kubinyi sagt, dass Hunde sich dem Verhalten des Menschen anpassen, was ein klares Anzeichen für und ein Element von Empathie sei. Verantwortlich dafür sind die Spiegelneuronen. Das sind Nervenzellen, die Voraussetzungen dafür schaffen, sich in den anderen Hineinzuversetzen. Der Verhaltensbiologe, Herr Prof. Dr. Sachser ist der Meinung Menschen und Tiere sind sich ähnlicher als wir denken, denn Tiere können denken, sich im Spiegel erkennen und besitzen komplexe Emotionen.[74]

Der Neurobiologe Dr. Attila Andics führte ein Experiment, um die Ähnlichkeiten der Menschen- und Hundegehirne zu erfassen. Im Magnetresonanztomographen erhalten Hunde über Kopfhörer verschiedene Geräusche zu hören, um herauszufinden welche Bereiche im Gehirn stimuliert werden. Die Ergeb-

---

[74] In Anlehnung an Prof. Dr. Sachser 2018, Im Tier steckt viel mehr Mensch als wir uns vorstellen, https://www.uni-muenster.de/news/view.php?cmdid=9665&lang=en.

nisse zeigen, dass Hunde vergleichbar mit Menschen einen Bereich im Gehirn haben, das auf das Erkennen von Geräuschen der eigenen Art spezialisiert ist. Das Forschungsergebnis bedeutet, dass die Lautverarbeitung in den Gehirnen von Hunden und Menschen sich sehr ähnlich ist.[75] Der Primatologe Fans de Waal ist der Ansicht, dass sich das Gefühlsleben der Säugetiere im Wesentlichen ähnelt.[76] Das Gehirn eines Menschen und eines Tieres gleicht sich in den Struktur sehr, da bei beiden Teile des Limbischen Systems für die Verarbeitung von Emotionen verantwortlich sind.[77] Schöning ist sogar der Meinung, dass auch Wirbeltiere auf unterschiedliche Weise über Emotionen und Schmerzempfinden verfügen.[78]

---

[75] Vgl. Dokumentation, Wie Tiere fühlen von Arte 42:40 Minuten.

[76] Vgl. Wie Tiere fühlen, 51:00 Minuten.

[77] In Anlehnung an Babara Schöning, Tierische Emotionen, 2008 https://www.fuberlin.de/presse/publikationen/fundiert/2018-01/mann/index.html.

[78] Vgl. Babara Schöning, Tierische Emotionen, 2008. https://www.fuberlin.de/presse/publikationen/fundiert/2018-01/mann/index.html.

5. Fazit

In der folgenden Arbeit wurde mithilfe der historisch-kritischen Exegese von Bibelstellen die theologische Sicht untersucht und die Frage beantwortet, ob Tiere über eine Würde verfügen. Dabei wurde die Definition der Menschenwürde und der Tier- und Kreaturwürde gegenübergestellt und Unterschiede und Gemeinsamkeiten herausgearbeitet. Um die theologische Sicht zu stützen, wurden auch verhaltenstheoretische und verhaltensbiologische Sichten erläutert. Wir sehen anhand der angeführten Definitionen, dass ein Lebewesen Würde erhält, wenn es sich selbst als Zweck dient. Tiere haben das Recht auf Schutz ihrer Würde, da jedes Lebewesen individuell und besonders ist. Es ist in dieser Welt unersetzlich, denn kein Tier gleicht dem anderen. In der Bibel zeigen sich viele Verse, die dafürsprechen, dass Tiere würdig sind und, dass sie sich nicht sonderlich von uns Menschen unterscheidet, außer, dass wir ein vernunftbegabtes Wesen sind und deshalb den Erhalt und Würdigung der Schöpfung als Auftrag wahrnehmen sollen. Es zeigen sich Stellen, in denen Jesus ausdrücklich sagt, dass Menschen von den Tieren lernen können und es wird deutlich, dass der Erhalt der Schöpfung bedeutet, den Tieren Würde zu erteilen. So steht geschrieben, dass Tier und Mensch das gleiche Pneuma haben und ihnen am Ende seiner Tage das Gleiche widerfahren wird. Betrachtet man die Thematik aus verhaltensbiologischer Sicht bemerkt man, dass unser Tierbild revolutioniert werden muss. Aus heutiger Perspektive wissen wir, dass Tiere über komplexe Emotionen wie Mitgefühl, Empathie, Freude und Trauer verfügen, denn dies haben zahlreiche Experimente der Verhaltensforschung gezeigt. Wir Menschen können über unsere Emotionen sprechen, doch die Tiere nicht. Die Fähigkeit des Sprechens unterscheidet uns von den Tieren, jedoch wurde die soziale Intelligenz, das Empathievermögen und die Reflexionsfähigkeit bei Tieren in vielen Experimenten belegt. Einige Menschen und Theologen gehen davon aus, dass Tiere keine Seele haben und daraus schließe ich, dass sie ihnen auch keine vollkommene Würde zuschreiben. Oft wird die Bibelstelle aus dem Schöpfungsbericht, in der es heißt man dürfe von den Tieren essen, zur Überzeugung dieser Ansicht genutzt, doch wie sich in dieser Hausarbeit herauskristallisierte finden sich viel mehr Gegenargumente für die Leugnung des respektvollen Umgangs mit Tieren, denn Gott liebt seine Schöpfung. Wer die Schöpfung schützen und wahren

will, sollte dem Tier Würde erteilen und dieses achten und respektieren.

Literaturverzeichnis

Die Bibel. Einheitsübersetzung. Altes und Neues Testament.
Verlag Herder 2017. Herausgegeben von   Bischöfe
Deutschlands, Österreichs und Schweiz.

Die Bibel nach Martin Luthers Übersetzung. Bibeltext in der
revidierten Fassung von 2017. Herausgegeben von der
Evangelischen Kirche in Deutschland. Stuttgart 2016.

Ach, Johann / Borchers, D. (Hg.), Handbuch Tierethik.
Grundbegriffe der Tierethik. 2018. 173-177.

Baranzke, Heike: Eine spezifische Würde von Tieren und
Pflanzen? In Odparlik, S. und Kunzmann, P.2007.

Baranzke, Heike: Würde der Kreatur? Die Idee der Würde im
Horizont der Bioethik. Würzburg: Verlag Königshausen
& Neumann GmbH 2002.

Brehm, Alfred und Brensing, K.: Brehms Tierleben. Die   Gefühle der Tiere, 2018.

Hagencord, Rainer: Diesseits von Eden. Verhaltensbiologische
und theologische Argumente für eine neue   Sicht der
Tiere. Regensburg 2005.

Hagencord, Rainer: Die Würde der Tiere. Eine religiöse Wertschät
zung. Gütersloh 2011.

Janowski, Bernd: Gefährten und Feinde des Menschen. Das Tier in der Lebenswelt des alten Israel. Neu kirchen-Vluyn 1993.

Kant, Immanuel: Grundlagen zur Metaphysik der Sitten, Ver lag J. F. Hartknoch 1781.

Riede, Peter: Im Spiegel der Tiere. Studien zum Verhältnis von Mensch und Tier im alten Israel. Göttingen 2002.

Schweitzer, Albert: Die Ehrfurcht vor dem Leben. Grundtexte aus fünf Jahrzehnten, München: Ver lag C. H. Beck 1988.

Schweitzer, Albert: Kultur und Ethik. München: Verlag C. H. Beck. 1990/1996.

Sitter-Liver, Beat: Ehrfurcht und Würde in der Natur. In Altner, G. Leben inmitten von Leben. Die Aktualität der Ethik Albert Schweitzers. Stuttgart: S. Hirzel Velag 2005. S. 68-90.

Sitter-Liver, Beat: Würde der Kreatur. Eine Metapher als Aus druck erkannter Verpflichtung. In Philosophisches Jahr buch 106, 2. Halbband. Freiburg / München 1999. S. 465-478.

Internetquellen:

Dokumentation von Arte: Wie Tiere fühlen, https://y-outu.be/QAW3b0e7TgY, 2015, (31.08.2020).

Hagencord, Rainer zu Gast bei Bibeltv (das Gespräch): Kommen Tiere in den Himmel?, https://www.bibeltv.de/media-thek/videos/kommen-tiere-in-den-himmel-668410, 2012, (25.08.2020).

Sachser, Norbert: Im Tier steckt viel mehr Mensch als wir uns vorstellen, https://www.uni-muens-ter.de/news/view.php?cmdid=9665&lang=en, (26.08.2020).

Schöning, Babara: Tierische Emotionen, (https://www.fuber-lin.de/presse/publikationen/fundiert/2018-01/mann/in-dex.html), 2008, (31.08.2020).

Schweizer Tierschutzgesetz Artikel 3 a: Würde. https://www.admin.ch/opc/de/classified-compila-tion/20022103/201705010000/455.pdf, 2017, (01.09.2020).

Vielen Dank für Ihr Interesse. Bei Rückfragen können Sie an folgende E-Mailadresse schreiben: despina.petraki@uni-wuppertal.de